글 서보현

연세대학교 아동학과 학부를 졸업하고, 동 대학원을 마쳤습니다. 엄마의 글을 항상 재미있게 읽어 주는 딸과 함께 글을 쓰는 남편,
늙고 게으른 개와 함께 산이 보이는 집에서 조용히 살고 있습니다. '주제가 있는 정보책'을 쓰겠다는 마음으로 오늘도 열심히 달립니다.
쓴 책으로는《넘어지면 왜 피가 날까?》,《전기에 관한 3가지 이야기》등이 있습니다.

그림 김령언

하루의 대부분 그림을 그리며 시간을 보냅니다. 강하지 않고 딱딱하지 않으며 어딘가 느슨한 느낌을 찾아 그림을 그립니다.
할머니가 되어서도 그림을 그리면서 사는 것이 꿈입니다.《우리도 가족입니다》,《윌리 이야기》,《괜찮아 괜찮아 완벽하지 않아도 괜찮아》,
《힘센 고릴라의 바나나 팔기》,《쓰레기 산이 와르르》,《침 뱉으며 인사하는 나라는?》등에 그림을 그렸습니다.
홈페이지는 http://zanne.egloos.com입니다.

감수 (사)한국생활안전연합

'어린이가 안전하면 모두가 안전하다'라는 생각으로 사회적 약자가 안전한 세상을 만들어 가는 데 앞장서는 대한민국의 대표 안전 비영리 공익법인입니다.
어린이가 안전한 세상을 만들기 위해 세계 최고의 스쿨존 만들기 S·L·O·W 캠페인, 아동안전사고 예방사업 등 안전 교육 프로그램 개발 및 교재출판,
어린이·학부모·교사 대상 방문 안전 교육실시, 안전과 관련된 정책 및 입법 활동, 학술 연구 및 실태 조사,
국내외 안전 단체와의 교류 등 안전 문화를 확산하는 데 앞장서고 있습니다.
(문의 및 상담 전화 02-3476-0119, 홈페이지 http://www.safia.org)

지식이 잘잘잘

유괴·성폭력 예방 그림책
나를 지키는 안전 수첩

글 서보현 | 그림 김령언 | 감수 ㈔한국생활안전연합

초판 1쇄 펴낸 날 2014년 4월 30일 | 초판 6쇄 펴낸 날 2022년 6월 20일
편집장 한해숙 | 편집 신경아 | 디자인 최성수, 이이환 | 마케팅 박영준, 한지훈 | 홍보 정보영, 박소현 | 경영지원 김효순
펴낸이 조은희 | 펴낸곳 ㈜한솔수북 | 출판 등록 제2013-000276호 | 주소 03996 서울시 마포구 월드컵로 96 영훈빌딩 5층
전화 02-2001-5818(편집), 02-2001-5828(영업) | 전송 02-2060-0108
전자우편 isoobook@eduhansol.co.kr | 블로그 blog.naver.com/hsoobook | 인스타그램 soobook2 | 페이스북 soobook2
ISBN 979-11-85494-37-1   73370

어린이제품안전특별법에 의한 제품 표시
품명 도서 | 사용연령 만 3세 이상 | 제조국 대한민국 | 제조자명 ㈜한솔수북 | 제조년월 2022년 6월

나를 지키는 안전 수첩 ⓒ 2014 서보현, 김령언
※저작권법에 따라 보호받는 저작물이므로 저작권자의 서면 동의 없이 다른 곳에 옮겨 싣거나 베껴 쓸 수 없으며 전산장치에 저장할 수 없습니다.
※값은 뒤표지에 있습니다.

지식이 잘잘잘은 폭넓은 지식 세상으로 아이들을 이끌어,
더 큰 호기심의 씨앗을 심어 주는 지식그림책 꾸러미입니다.

한솔수북의 모든 책은 아이의 눈, 엄마의 마음으로 만듭니다.

나를 지키는 안전 수첩

글 서보현 | 그림 김령언 | 감수 (사)한국생활안전연합

한솔수북

"따르릉, 따르릉!"
혼자서 집을 보던 세나가 전화를 받았어요.
"어, 엄마? 화장대 위에 있는 작은 상자요?"
엄마가 급한 일로 할머니 집에 갔는데,
서두르다가 그만 작은 상자를 놓고 나갔대요.
엄마는 세나에게 작은 상자를 가져다줄 수 있겠냐고 물었어요.
"그럼요!"
세나는 좋아하는 빨간 모자를 쓰고,
가방에 작은 상자를 잘 챙겨 넣고,
안전 수첩을 목에 건 다음
씩씩하게 집을 나섰어요.

큰길에 나오자 사람도 많고 차도 많아요.
세나는 숨을 한 번 훅 들이마시고, 서둘러 길을 걸었지요.
바로 그때! 모르는 아줌마가 세나에게
아는 척을 하는 거예요.
세나는 조금 당황했지만 얼른 뒤로 물러섰어요.
"세나 혼자 어디 가는 거면, 아줌마가 같이 가 줄까?"
잠시 고민하던 세나는 안전 수첩을 떠올렸어요.
'이름을 안다고 따라가면 안 돼!'

앗! 누구지?
내 이름을 어떻게 알지?

⭐ 낯선 사람이 아는 척하는 상황

"엄마 친구인데, 같이 갈래?"

"더운데 시원한 아이스크림 사 줄까?"

"우리 집에 예쁜 강아지가 있는데 같이 가서 구경하자!"

"길을 잘 모르는데, 좀 도와줄래?"

 내 이름을 알고 있다고 속으면 안 된다!
잘 보이는 곳에 이름을 써 놓지 말고,
인터넷에 사진이나 글을 올릴 때도
조심해야 한다!

아줌마의 말에 세나의 마음은 점점 약해졌어요.
게다가 아줌마는 나쁜 사람처럼 험상궂은 얼굴은 아니었거든요.
하지만 세나는 안전 수첩의 내용을 되새겼어요.

아줌마, 아니에요. 혼자 갈래요!

아줌마는 딱 잘라 말하는 세나 때문에 당황한 것 같았어요. 그러더니 발길을 휙 돌려 다른 곳으로 가 버렸어요.

착한 사람과 나쁜 사람

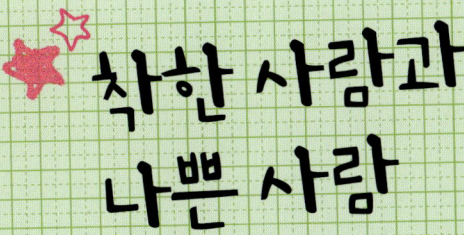

아래 그림 속 사람들을 살펴보자. 누가 나쁜 사람인지, 누가 착한 사람인지 얼굴만 보고 알 수는 없다. 그러니까 일단 낯선 사람을 만났을 때에는 조심해야 한다.

나이 많은 할아버지

예쁜 아가씨

이모 닮은 아줌마

험상궂은 아저씨

세나는 일단 뒤로 조금 물러나 아저씨 손에
닿지 않을 만한 곳에 섰어요.
그리고 안전 수첩에 적혀 있는 것처럼
또박또박하게 거절했지요.

함부로 따라가면 안 되는 사람들

학원 선생님

학원 버스를 운전하는
아줌마나 아저씨

아파트 관리 아저씨

은행이나 가게에서
자주 본 아줌마나
아저씨

엄마와 자주 이야기를
나누는 어른들

"아니에요. 저기 모퉁이만 돌면 엄마가 기다리고 있어요."

아저씨는 고개를 갸웃거리며 천천히 세나를 따라왔어요.

얼굴을 잘 알고, 여러 번 이야기를
나누었다고 해서 친구처럼 생각하면
안 된다. 또 친구와 같이 있는 사람이라고
무조건 믿어도 안 된다.

세나는 아저씨 차가 가는 길 반대쪽으로 가려고 길을 건넜어요.
그래도 혹시 몰라 길 안쪽으로 조금 더 붙어 섰어요.
"후유, 엄마랑 갈 때는 할머니 집이 훨씬 더 가까웠던 것 같은데…."

⭐ 낯선 자동차 조심하기

학교나 학원, 놀이터 근처에 못 보던 차가 서 있을 때에는 멀찍이 떨어져서 다녀야 한다.

차 안의 물건을 주워 달라거나, 길을 가르쳐 달라고 하면, 어른의 손이 닿지 않을 정도로 멀리 서서 이렇게 말한다.
"다른 어른에게 도와 달라고 하세요."

자동차를 피하려면 반대쪽으로 걷는 게 낫겠어.

나를 따라오는 차가 있으면, 차가 움직이는 반대 방향으로 걸어가거나 길을 건너서 차를 피한다. 골목길에서 차가 따라오면, 차가 움직이는 반대 방향으로 걸어간다.

누군가가 차에 억지로 태우려고 하면, 최대한 소란을 피워서 다른 어른들의 도움을 구한다.

 일단 차에 타게 되면 소리를 지르거나 발버둥을 쳐도 주위 사람이 알 수 없다. 게다가 달리는 차 안에서 뛰어내리는 것은 위험하다. 그러니까 낯선 사람의 차는 일단 피하는 것이 좋다.

이윽고 큰길과 골목길이 갈라지는 곳이 나타났어요.
"이 골목길로 가면 할머니 집에 더 빨리 갈 수 있겠지?"
세나는 급한 마음에 골목길로 들어갔어요.
엄마가 처음 시킨 심부름인데, 늦기는 싫었거든요.
그런데 한 걸음, 두 걸음 옮길수록 조금씩 겁이 났어요.
"왜 이렇게 지나다니는 사람이 없지?
무서운 사람이 툭 튀어나올 것 같은데…."

가면 안 되는 장소

- 짓다가 만 건물 공사장
- 사람들이 많이 다니지 않는 길
- 상가나 공원의 화장실
- 길에서 잘 보이지 않는 으슥한 곳
- 나무나 건물에 가려져 있는 놀이터나 공원
- 아파트 옥상이나 지하

유괴는 사람이 많은 곳에서도 일어나지만, 사람이 적은 곳에서 일어날 위험이 더 많다. 그러니까 사람이 드문 곳에는 가지 말아야 한다.

그때 누군가의 발소리가 들려왔어요.
"저벅, 저벅, 저벅."
낯설고 키 큰 오빠라 세나는 조금 무서웠어요.
그래서 오빠 손이 닿지 않을 만한 곳으로 비켜선 다음,
가까운 곳에 있는 집의 초인종을 눌렀어요.
"딩동, 딩동."
그런데 어떡하죠?
아무도 나와 보지 않는 거예요.

딩동 딩동

낮선 사람이 나를 끌고 가려고 할 때에는 먼저 사람들이 많은 곳으로 도망친다. 사람들이 많은 곳으로 도망치기 어렵다면, 몸집이 큰 어른이 들어갈 수 없는 곳을 찾아 숨는 것이 좋다.

★ 낮선 사람이 나를 붙잡을 때 할 수 있는 일

고래고래 소리를 지른다.

입을 막으면, 입을 막은 손의 새끼손가락을 반대 방향으로 꺾어 버린다. 이때 손을 놓으면 얼른 도망간다.

두 손을 깍지 끼고 마주보게 돌아서서 손을 뿌리친다.

팔과 몸을 버둥거려서 빠져나오도록 한다.

⭐ 좋은 느낌과 싫은 느낌

엄마 아빠가 나를 안아 주거나 뽀뽀할 때

친구가 좋다는 의미로 안아 줄 때

선생님이 칭찬하며 머리를 쓰다듬어 줄 때

동생이 내 손을 꼭 잡아 줄 때

입에다 뽀뽀해 달라고 우길 때

만지지 않았으면 하는 부분을 건드릴 때

낯선 사람이 껴안거나 만질 때

싫다고 하는데 억지로 만질 때

> 나에게 잘해 주는 사람에게 '안 돼요, 싫어요!'라고 말하기가 힘들 수도 있다. 하지만 내가 싫다는 것을 무시하는 사람은 정말 나를 사랑하는 사람이 아니다. 조금이라도 싫은 느낌이 들면 누구에게든지 씩씩하게 이야기해야 한다.

다른 사람이 저를 만지는 거 싫어요. 만지지 마세요!

⭐ 내 몸의 소중한 부분

내 몸은 모두 소중하지만, 특히 가슴, 엉덩이, 항문, 생식기는 다른 사람이 함부로 만지거나 봐서는 안 된다.

⭐ 나쁜 비밀

어떤 사람들은 나의 소중한 부분을 만지고는 이런 건 비밀이라고 아무에게도 이야기하지 말라고 한다. 그리고 비밀을 지키지 않으면 다시 찾아와 혼내 주겠다거나 엄마 아빠를 괴롭히겠다고 말해 나를 무섭게 하기도 한다. 하지만 이런 나쁜 비밀은 전혀 지킬 필요가 없다. 나를 제일 잘 지켜 줄 수 있는 사람은 엄마 아빠다.

세나는 큰소리로 싫다고 했어요.
똑 부러지는 세나의 말에 오빠는 깜짝 놀란 것처럼 보였지요.
마침 지나가던 어른이 그 목소리를 듣고 세나에게 다가왔어요.
세나는 얼른 아는 사람인 척 다가가며 인사를 했지요.
"안녕하세요, 선생님!"
그러자 낯선 오빠는 급하게 다른 곳으로 가 버렸어요.

엄마가 목욕을 시켜 줄 때라든가, 병원에서 엄마와 함께 진찰을 받을 때를 빼고는 절대로 다른 사람이 내 몸에 손을 대서는 안 된다.

무서웠던 골목길을 겨우 빠져나왔어요.
세나는 안전 수첩에 적힌 내용을 떠올리며 결심했지요.
"날 괴롭히는 사람이 생기면 싫다고 큰소리로 외쳐야지!
그리고 빨리 자리를 피해서, 다른 어른한테 도와 달라고 소리칠 거야!"

옷을 벗고 자기 몸을 보여 주는 사람

내 옷을 벗기고 사진을 찍으려는 사람

소중한 부분을 이상하게 부르면서 나를 부끄럽게 만드는 사람

보면 이상한 느낌이 드는 사진이나 그림을 보여 주는 사람

내 몸을 만지거나 안으려는 사람

컴퓨터나 전화기로 이상한 동영상을 보여 주는 사람

싫어요. 안 돼요!

⭐ 낯선 사람이 나를 끌고 갔을 때 해야 할 일

1. 가족들을 떠올리면서 마음을 진정시킨다.
붙잡혀서 주위에 도와줄 사람이 없을 때에는 오히려 큰소리로 울거나 떼쓰지 않는다. 그렇지 않으면 유괴범이 화가 나서 나를 해칠 수도 있다.

2. 유괴범의 눈이나 얼굴을 보지 않는다.
유괴범도 나중에 경찰이 자기를 쫓아올까 봐 걱정하고 있다. 그러니까 유괴범이 '여기가 어디인지 알겠어?'라고 묻거나, '내 얼굴을 기억하겠어?'라고 할 땐 아무것도 모르는 것처럼 고개를 푹 숙이고 있어야 한다.

3. 간식이나 물을 주면 먹는다.
밥도 물도 안 먹었다가는 만약의 경우 도망쳐야 할 때 기운이 없을 수도 있다. 그러니까 유괴범이 먹을 것을 주면 꼭꼭 씹어서 잘 먹어야 한다.

4. 차 번호를 외운다.
유괴범의 차에 타게 되면 차 번호판 숫자를 외워 둔다. 나중에 경찰 아저씨들을 도울 수 있을지도 모른다.

할머니 집은 가까우니까 사탕 좀 사 갈까?

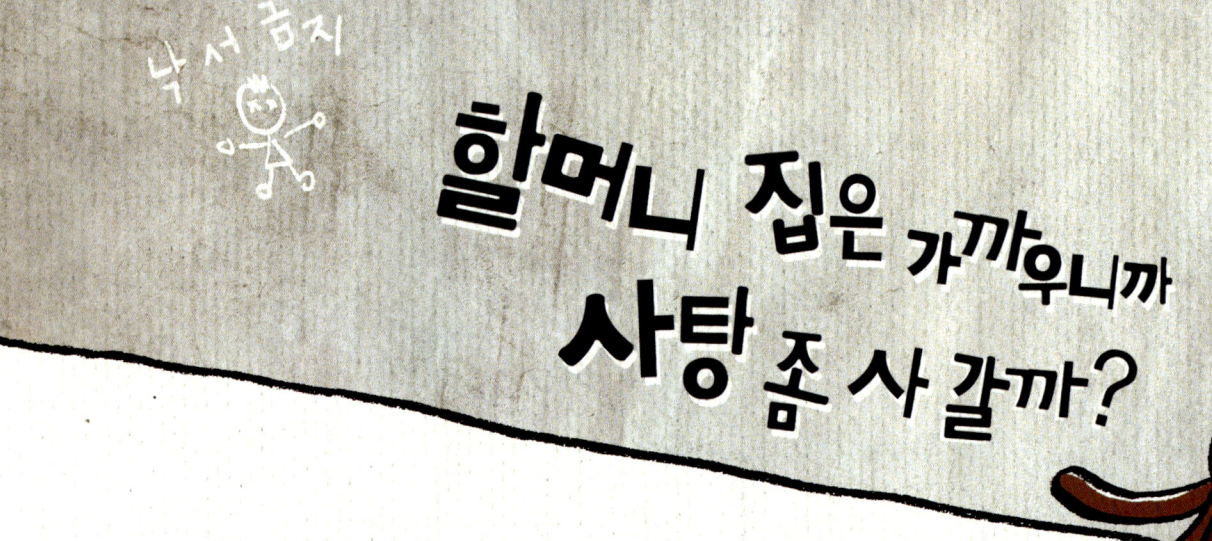

드디어 할머니 집에 가까워졌어요.
세나는 혼자 여기까지 잘 찾아온 것이 정말 신 났어요.
"할머니가 좋아하는 사탕을 좀 사 갈까?
여기 어디 가게가 있었던 것 같은데……."
세나는 할머니 집을 코앞에 놔두고 다른 길로 갔어요.

★ 길을 잃기 쉬운 행동

1. 목적과 관련 없는 곳에 간다.
길에 나오면 재미있는 게 너무 많아서 정신 차려 보면 엉뚱한 곳에 와 있는 경우가 있다. 그러니까 내가 무얼 하러 나왔는지 항상 생각하고 움직여야 한다.

2. 잠깐은 괜찮다고 생각한다.
잠깐인데 뭐 어때, 생각하고 딴 길로 빠졌다가 집을 못 찾는 경우가 많다.

오른쪽으로 꺾었다가, 왼쪽으로 꺾었다가
다시 작은 건널목을 건넜더니 가게가 나왔어요.
그런데 이를 어쩌죠!
사탕은 잘 샀는데 다시 할머니 집을 찾아갈 수가 없는 거예요.

앗, 길을 잃었나 봐!

3. 엄마에게 알리지 않고 나간다.
가는 곳을 엄마에게 알리지 않고 나가면 어른들이
나를 찾을 수 없다. 그러니까 어디를 가는지 꼭 말하고
허락을 받아야 한다.

할머니 댁 주소를 외우고 있어서 경찰 아저씨가 금방 할머니 댁을 찾아 주었어요.

⭐ 길을 잃었을 때 해야 할 일

1. 멈추기

엄마 아빠와 헤어지면 돌아다니지 않고 그 자리에 멈춘다.
엄마 아빠와 헤어져 길을 잃으면 서로를 찾아다니게 된다.
그러면 길이 서로 엇갈려 더 만나기 힘들어진다.
엄마 아빠가 나를 찾아올 때까지 제자리에서 가만히 기다린다.

2. 생각하기

엄마 아빠의 이름, 전화번호, 집 주소를 천천히 기억해 본다.
너무 놀라거나 당황하면 기억하고 있던 것도 잊어버리기가 쉽다. 침착하게 마음을 가다듬고 생각해 낸다.

3. 행동하기

주변에 있는 어른들에게 도움을 청하고, 엄마에게 전화해 달라고 하면 좋다. 어른이 안 보이면 공중전화에 가서 긴급통화 '112'를 눌러서, 경찰 아저씨와 통화한다.

드디어 할머니 집에 도착했어요.
'딩동' 세나가 벨을 누르자마자 문이 벌컥 열렸어요.
"세나야, 어서 와. 혼자 오느라 힘들었지?"
세나는 할머니 집까지 어떻게 왔는지 엄마한테 다 이야기했어요.
엄마는 세나의 이야기를 들으며 세나의 손을 몇 번이고 꼭 잡아 주었지요.
"엄마는 이제 걱정 하나도 안 해도 되겠다.
세나가 이렇게 혼자서도 안전하게 잘 다니니까 말이야!"
세나와 엄마는 서로 꼭 껴안고 웃었답니다.

세나의

①

낯선 사람이 내 이름을 부르거나
엄마 친구라고 해도
절대로 따라가지 말 것.

②

잘 아는 사람이라
하더라도 따라가거나
차를 함께 타지 말 것.

③

사람이 많이 다니지 않는 곳,
사람 눈에 잘 띄지 않는 곳에는
가지 말 것.

안전 수첩

길을 잃었을 때에는 멈추기, 생각하기, 행동하기를 기억할 것!

어디로 가려고 했는지를 항상 생각하고 딴 곳으로 새지 말 것.

기지를 발휘해 빠져나오고, 그렇지 못할 때에는 기운을 차려서 엄마 아빠가 구해 줄 때까지 기다릴 것.

기분 나쁘게 몸을 만지려는 사람에게 똑 부러지게 이야기할 것.
"안 돼요! 싫어요! 도와주세요!"
연습하기!

안전 교육 역할 놀이 방법

❶ 점선을 따라 캐릭터를 모두 오려요.
❷ 세나 역할은 아이가 맡아요.
❸ 아줌마, 아저씨, 오빠는 엄마나 아빠, 선생님이 역할을 맡아요.
❹ 책의 맨 마지막 뒷면에 있는 안전 교육 역할 놀이판을 펼쳐요.
❺ 아줌마, 아저씨, 오빠를 맡은 사람이 먼저 세나에게 인사를 건네고, 세나에게 도와 달라고 하거나 선물로 유혹하거나 함께 가자고 꼬드겨 보아요.
❻ 세나 역할을 맡은 아이가 5번 질문에 어떻게 답하는지 적어요.
❼ 본문 9쪽, 11쪽, 13쪽, 14~15쪽, 17쪽, 19쪽, 21쪽, 22~23쪽, 25쪽, 26~27쪽, 29쪽에 적혀 있는 안전 수첩 내용을 아이와 확인해 보고 잘한 점은 무엇인지, 잘못한 점은 무엇인지 함께 이야기를 나눠요.
❽ 아이가 여러 가지 위험한 상황에 알맞게 대처할 수 있을 때까지 역할 놀이로 반복해서 연습해요.